DES

FUSILS A RÉPÉTITION

ET A SIMPLE CHARGE

DU SYSTÈME VETTERLI

CONSTRUCTION, ENTRETIEN ET USAGE

DES

FUSILS A RÉPÉTITION

ET A SIMPLE CHARGE

DU SYSTÈME VETTERLI

NOTICE DESCRIPTIVE

PAR

F. VETTERLI

PARIS

CH. TANERA, ÉDITEUR

LIBRAIRIE POUR L'ART MILITAIRE, LES SCIENCES ET LES ARTS

Rue de Savoie, 6

—

1873

NOTICE DESCRIPTIVE

SUR LA CONSTRUCTION, L'ENTRETIEN ET L'USAGE

DES

FUSILS A RÉPÉTITION ET A SIMPLE CHARGE

DU SYSTÈME VETTERLI

FUSIL A RÉPÉTITION

Ce fusil se range parmi les armes à verrou, mais la construction toute spéciale de la culasse mobile et de sa boîte de fermeture lui assure des avantages considérables sur les autres armes du même genre.

L'OBTURATEUR cylindrique est placé dans le sens de l'axe du canon; le choc provenant de l'explosion se répartit d'une manière égale sur toutes ses parties, et le centre de résistance se trouve, comme le centre de l'explosion, situé sur l'axe du canon.

LA CULASSE ou boîte de fermeture qui sert de logement à l'obturateur est construite de manière que toutes les parties qui renferment ce dernier soient d'une dimension égale et symétrique à l'axe du canon; ces pièces se trouvent ainsi construites et combinées d'une façon conforme aux lois de la résistance, et il en résulte qu'elles peuvent supporter une très-forte charge, sans qu'il soit nécessaire de leur donner des dimensions trop massives.

Les fusils Dreyse, Berdan, Beaumont, Chassepot, Mauser, etc., ne jouissent pas de cette perfection technique si indispensable à une arme de guerre. En effet, dans ces armes, les points de résistance de la culasse mobile et de la boîte de culasse sont situés à environ 10, 15 et même 18 millimètres en dehors de l'axe du canon; de sorte qu'au moment de l'explosion le choc et la pression tendent à produire des flexions nuisibles de l'obturateur et de la culasse. Dans le but d'éviter une rupture, on a donc été obligé de donner à ces pièces une forme très-massive, et malgré la quantité de métal employé, le vice de construction subsiste et laisse l'arme exposée aux mêmes dangers. Ainsi, quand on tire la nuit avec ces fusils, en employant des cartouches en papier, on voit clairement le feu de l'explosion, car au moment très-court où celle-ci se produit, l'obturateur et la culasse se disjoignent presque instantanément et reprennent immédiatement leur position normale.

Dans le système Vetterli, le cylindre obturateur et la noix de fermeture sont deux pièces séparées qui fonctionnent ensemble comme si elles formaient un seul et même corps; et les ailettes de la noix, ainsi que les portées correspondantes du cylindre obturateur, sont établies symétriquement et de telle sorte que la résistance au choc, provenant de l'explosion, y est supportée par des surfaces circulaires également pressées sur tous leurs points. Le fusil Vetterli peut supporter une charge considérable, sans que jamais ses pièces soient exposées à subir des chocs plus forts que le dixième de la résistance qu'elles peuvent opposer; en effet, les surfaces des ailettes et des portées qui les reçoivent représentent environ 480 millimètres carrés, offrant une résistance de 5,760 kilogr., en fixant à 12 kilogr. seulement la résistance du métal par millimètre. La section de la partie solide de la boîte de la culasse est de 402 millimètres carrés représentant une résistance de 4,824 kilogr. La section de la boîte de culasse est à son milieu de 310 millimètres carrés fournissant une résistance de 3,720 kilogr. Aucune arme de ce genre n'offre les mêmes garanties de sécurité et de résistance, attendu que ne possédant pas une aussi parfaite symétrie, par rapport à l'axe du canon, les parties solides ne répondent pas en proportion exacte de leur section. Dans le système Vetterli, les surfaces de contact de la culasse mobile et de sa boîte, ainsi que toutes les parties du mécanisme, sont enfermées par une sorte de couvercle mobile qui les met à l'abri des influences extérieures; elles ne sont donc pas, comme dans les armes mentionnées plus haut, exposées aux actions de la pluie, de la poussière, etc. De plus, le mécanisme de percussion formant à l'arrière du fusil un système isolé de l'obturation et à l'abri de toute influence extérieure, ne peut jamais être atteint par les gaz provenant de la rupture accidentelle de cartouches défectueuses qui, en se brisant au moment de l'explosion, laissent échapper une grande quantité de gaz qui se répand sur toutes les parties de l'obturateur. Dans le même but, des ouvertures ou auvents ménagés à la partie supérieure de la culasse donnent une issue facile aux gaz et les empêchent de refluer à l'intérieur du mécanisme. Il résulte donc de tout ce que nous venons de dire que les surfaces de frottement des pièces importantes de l'arme restent toujours parfaitement propres, ne souffrent aucune dégradation et demeurent d'un entretien facile pour le soldat.

Le ressort a boudin a un diamètre de 21 millimètres et une

longueur de 32 millimètres à l'état normal ; enfin le fil d'acier qui le compose a un diamètre de $0^m,0022$; il offre donc une force constante et réglée, suffisante à l'action qu'il doit produire et qui ne risque pas de s'affaiblir après un assez long usage, même dans le cas où on laisserait par inadvertance le fusil armé pendant un long espace de temps.

Le percuteur est une pièce forte, et il est aisé de se convaincre, en le voyant, qu'il présente une résistance suffisante pour l'action à produire, sans que l'on ait à craindre pour lui aucun accident ou une dégradation provenant de son usage.

Le percuteur, dans le fusil Vetterli, reçoit son action en deux points, symétriquement placés de chaque côté de son axe, grâce aux deux ailettes dont il est muni, ce qui n'a pas lieu dans les fusils Mauser, Beaumont, etc., où la force agit en dehors de l'axe et tend à projeter en dehors le percuteur s'il n'était pas maintenu, ce qui produit naturellement un frottement nuisible à son rôle.

L'extracteur est une pièce solide et parfaitement fixée sur le cylindre obturateur ; il est terminé à l'arrière par un fort ressort, et à l'avant par un crochet très-solide et d'une puissance telle qu'il ne manque jamais sa fonction extractive ; le tire-cartouche sert aussi de guide à l'obturateur, car il est encastré dans une rainure du cylindre d'obturation et a son logement spécial dans la boîte de culasse.

La culasse mobile a un mouvement direct d'avant en arrière, et réciproquement suivant l'axe du canon ; elle ne peut dévier de cette direction étant maintenue dans une rainure pratiquée dans la queue de la boîte de culasse, sur laquelle elle repose, et qui, dans le fusil à répétition, occupe la place de la bascule du fusil à simple charge. Dans le logement du renfort du cylindre obturateur, la surface de frottement n'est que de 0m,612; si l'encrassement, conjuré d'ailleurs, venait à se produire sur cette petite surface, il n'y aurait pas d'adhérence suffisante pour interrompre l'usage de l'arme (1).

Le transporteur de la cartouche, qui fait partie du mécanisme de répétition, est logé verticalement dans la culasse; il est entièrement protégé contre les influences extérieures, et sa construction est telle que, même après un long service, il n'est pas susceptible de dégradation. La surface de frottement est encore là diminuée au moyen d'un évidement. Sa fonction est de porter la cartouche du magasin à son logement dans la culasse; son mouvement est facile et léger, car il a beaucoup de jeu.

L'élévateur, ou levier coudé qui fait mouvoir le transporteur, est actionné par la culasse mobile, qui reçoit aussi l'extrémité de la tige servant à supprimer ou à rétablir le mouvement, opération qui s'effectue simplement en dégageant ou en engageant cette tige dans la rainure pratiquée à cet effet dans la partie inférieure de l'obturateur.

Le porte-levier est une pièce plane qui a pour but, comme l'indique son nom, de supporter le levier et aussi de réunir la sous-garde à la culasse par une vis qui la traverse et qui maintient tout le système en place.

(1) Il est essentiel de remarquer que, dans le système Vetterli, les surfaces de frottement dans la noix de fermeture et dans la boîte de culasse sont trempées, tandis que dans les fusils Mauser, Beaumont, Chassepot, etc., le mode de construction de ces armes s'oppose à ce que l'on puisse utiliser cet avantage.

LA SOUS-GARDE est formée d'une seule pièce en fer forgé; elle est très-solide et donne une grande résistance à la crosse. Dans les autres armes connues, le pontet et la sous-garde forment deux pièces séparées.

LE COUVERCLE de culasse, qui sert à garantir le mécanisme contre les influences extérieures pendant que le fusil n'est pas appelé à tirer, est maintenu par deux rainures qui lui permettent de se mouvoir d'arrière en avant, et réciproquement. En Suisse, où les troupes sont rarement en service, on a considéré ce couvercle comme superflu, parce que le mécanisme qu'il sert à abriter est construit de telle sorte, que les inconvénients à craindre dans ces parties seraient immédiatement réparables avec le doigt, sans interruption du jeu de l'arme. L'ouverture extérieure du magasin à cartouches est fermée par une sorte de tiroir métallique, qui glisse dans deux rainures entre le bois et la culasse.

LE MAGASIN se compose d'un tube en laiton renfermant un ressort à boudin et qui se trouve placé au milieu du fût qui le protége entièrement; on le retire par une ouverture qui est protégée par la garniture supérieure du fusil ou embouchoir.

On peut remarquer, 1° que le levier, étant du même côté que la bouche du magasin, pourrait en gêner le chargement; il est facile et même plus logique de pratiquer cette ouverture symétriquement sur la joue opposée.

2° Qu'il n'y a pas à craindre l'explosion du magasin soit par le choc provenant du recul, soit par le choc produit en laissant tomber violemment l'arme à terre. Les expériences les plus concluantes ont été faites à cet effet.

LA BAGUETTE est logée et vissée à côté du magasin, sur le côté gauche du fût.

Parmi les avantages du modèle Vetterli, indiquons encore que l'obliquité des plans de contact de la noix et du cordon de l'obturateur, sur lequel elle s'appuie, a pour effet, au moment où l'on procède à la fermeture de l'arme en abaissant le levier coudé, de faire écrou en avant (Beaumont et Mauser ont pris à Vetterli ce mode de fixation de la cartouche dans son logement) et de produire un léger mouvement de progression de la cartouche dans le sens de l'axe du canon, où elle se trouve ainsi logée d'une manière solide et puissante, ce qui assure la rectitude du tir. Le fusil Vetterli se prête aux mêmes usages et au même mouvement que le fusil Chassepot; son entretien est facile, il nécessite seulement de la bonne huile, et l'homme a peu de pièces à démonter, il n'a pour ainsi dire pas besoin de tourne-vis. Un autre avantage de ce système est que l'arme à simple charge et l'arme à répétition se composent de pièces identiquement semblables, à l'exception des pièces du mécanisme à répétition, de telle sorte que la fabrication des deux armes s'effectue au moyen des mêmes machines, et que les pièces de rechange peuvent indistinctement être employées à l'un et l'autre des deux systèmes; c'est ce qui fait que le mécanisme de répétition se trouvant démonté et ôté dans le fusil à répétition, on peut encore s'en servir comme d'un fusil à simple charge.

NOMENCLATURE DE L'ARME A SIMPLE CHARGE

Les parties principales du fusil sont :
1° Le canon avec la hausse;
2° La boîte d'obturation;
3° La bascule avec les pièces de détente;
4° La culasse mobile;
5° La monture;
6° Les garnitures;
7° La baguette;
8° La baïonnette.

1° CANON AVEC LA HAUSSE

Le canon à âme cylindrique a le calibre du Chassepot; il est à quatre rayures cylindriques égales et concentriques à l'âme du canon; la rayure fait une évolution en 66 centimètres. Le pas de vis du canon est de gauche à droite. La hausse est la même que celle du Chassepot et soudée au canon à l'étain.

2° BOITE D'OBTURATION

La boîte d'obturation est cylindrique, elle est vissée au canon et sert à recevoir la culasse mobile avec le mécanisme de percussion et d'extraction; elle porte, à son extrémité inférieure, un crochet qui sert à fixer le canon dans la bascule. Elle a dans sa partie inférieure, un ressort qui sert à l'expulsion de la cartouche. On rencontre à sa partie supérieure deux orifices qui sont ceux de deux canaux à gaz traversant le canon et la boîte et qui sont destinés à conduire en haut les gaz de la poudre qui pourraient provenir de cartouches défectueuses Elle se ferme à l'aide d'un tube concentrique mobile de gauche à droite.

3° BASCULE ET PIÈCES DE DÉTENTE

La bascule est fixée dans la monture par deux vis qui maintiennent en même temps la sous-garde. Elle sert : 1° à fixer le canon à la monture; 2° elle sert de guide et de support à la culasse mobile; elle porte sur le côté gauche un talon d'arrêt pour limiter le mouvement en arrière de la culasse mobile, ce talon est maintenu par un ressort à simple bande. La détente a le même but que dans tous les fusils; elle a un ressort de détente et est protégée par une sous-garde qui ne forme qu'une seule pièce avec le pontet et est maintenue à la monture par deux vis qui y maintiennent aussi la bascule.

4° CULASSE MOBILE

Elle est en même temps le mécanisme d'obturation, de percussion et d'extraction; elle sert à ouvrir et à fermer à volonté l'extrémité postérieure du canon et contient en outre le mécanisme qui produit l'inflammation de la cartouche enfermée dans le canon ainsi que son extraction.

5° MONTURE

De même que dans le Chassepot elle est d'une seule pièce et se divise en deux parties, fût et crosse. Le fût contient le logement du canon de la baguette et les ressorts de garniture.

La crosse sert de logement à la bascule et aux pièces de détente; elle est terminée par une plaque de couche, exactement pareille à celle du Chassepot.

6° GARNITURES

Elles sont les mêmes que celles du Chassepot.

7° BAGUETTE

La baguette sert au nettoyage du canon et aux mêmes usages que dans le Chassepot.

8° BAIONNETTE

La baïonnette est à quatre pans creux, elle est encore renforcée et est maintenue au canon par un anneau.

NOMENCLATURE DE LA CULASSE MOBILE

Elle se compose de sept pièces principales :

1° et 2° Le cylindre obturateur avec l'extracteur;

3° La noix porte-levier;
4° Le percuteur;
5° Le grand ressort à boudin;
6° Le chapeau couvre-ressort;
7° Le bouton à vis.

DÉMONTAGE ET REMONTAGE DE L'ARME A RÉPÉTITION

1° Interrompre la répétition à l'aide de la tige que l'on tire à soi;
2° Abaisser le talon d'arrêt de la culasse mobile;
3° Retirer la culasse mobile;
4° Remonter le transporteur;
5° Retirer la vis placée entre la tige;
6° Abaisser le transporteur;
7° Retirer la plaque du levier coudé et le transporteur, en faisant effort sur la tige;
8° Enlever la baguette;
9° Enlever les deux garnitures;
10° Retirer le tube du magasin;
11° Retirer la vis qui est à l'arrière de la sous-garde;
12° Enlever le canon.

Pour remonter l'arme, on procédera dans l'ordre inverse.

DÉMONTAGE ET REMONTAGE DE L'ARME A SIMPLE CHARGE

1° Abaisser le talon d'arrêt;
2° Retirer la culasse mobile;
3° Enlever la baguette;
4° Enlever les deux garnitures;

5° Débasculer le canon ;
6° Retirer les vis de sous-garde ;
7° Enlever la sous-garde.

Pour remonter l'arme, on procédera dans l'ordre inverse.

DÉMONTAGE ET REMONTAGE DE LA CULASSE MOBILE QUI EST LA MÊME DANS LES DEUX ARMES

1° Désarmer le ressort ;
2° Oter le bouton à vis ;
3° Retirer le chapeau couvre-ressort ;
4° Retirer le grand ressort à boudin ;
5° Retirer le percuteur ;
6° Séparer la noix porte-levier du cylindre obturateur.

Pour remonter la culasse mobile, on procédera dans l'ordre inverse.

EXPÉRIENCES

SUR LA POSSIBILITÉ DE L'INFLAMMATION SPONTANÉE DES CARTOUCHES A FEU CENTRAL PAR LES CHOCS PROVENANT DU RECUL OU DE L'USAGE VIOLENT DES ARMES A RÉPÉTITION, LE MAGASIN ÉTANT CHARGÉ. (DOUILLES A L'ORDONNANCE ITALIENNE, SYSTÈME DITATO, DOUILLES GÉVELOT ET DOUILLES GOSSELIN.)

Afin de m'assurer si ces cartouches peuvent être employées pour les armes à répétition, avec toute la sécurité voulue, et si sur un grand nombre de coups, une explosion ne pourrait pas avoir lieu, soit par le recul de l'arme, soit en heurtant brusquement la terre avec le fusil; le magasin étant rempli, j'ai fait des expériences plusieurs fois répétées en procédant ainsi :

Après avoir chargé les douilles d'un gramme de poudre, et comblé le vide avec du papier bien comprimé, j'ai complété le chargement de la douille par la balle; ensuite j'ai rempli un tube de magasin contenant neuf cartouches ainsi préparées, et je l'ai laissé tomber par douze fois successives, en ligne verticale (sur une plaque de fer) de la hauteur d'un mètre. Cette chute a produit une commotion beaucoup plus forte que celle que pourrait occasionner le recul de l'arme ou un maniement brusque. Les cartouches étaient placées de telle façon que la pointe de la balle se trouvait exactement en face du centre de l'amorce de la cartouche voisine. J'ai fait tomber ensuite le même tube d'une hauteur de quatre mètres, ce qui naturellement augmentait beaucoup la pression exercée sur les balles.

Le résultat de toutes ces expériences a été très-rassurant, car pas une seule cartouche n'a fait explosion. Il appert de ce que je viens de dire que les chances d'une explosion sont impossibles; cependant comme il pourrait arriver que par la fabrication de millions de cartouches, l'amorce ne fût pas assez ferme dans son logement, il serait plus prudent, pour le système Ditato, de placer l'amorce à un millimètre de distance de la base vers l'intérieur; comme cela, la pointe de la balle n'aurait aucun contact avec l'amorce, et nulle explosion ne pourrait être déterminée. Pour plus de sécurité, on pourrait aussi raccourcir l'enclume, ce qui aurait pour effet d'éloigner sa pointe de $0{,}005^{m}$ de la poudre fulminante.

Il n'y à pas à craindre que les cartouches, se trouvant en magasin pendant le tir, puissent être déformées, car les projectiles doivent être bien fixés dans les douilles par la pression de la machine, qui est la dernière opération dans la fabrication de la cartouche, et l'action du recul ou la commotion produite en mettant l'arme au pied, ne sont pas assez fortes pour que cela puisse changer la forme de la pointe du projectile; et en effet, malgré la grande précision que l'on exige dans nos tirs, on ne s'est jamais plaint sous ce rapport dans l'emploi de nos cartouches et des cartouches italiennes.

Je termine donc en affirmant qu'aucun accident d'explosion n'est à redouter dans l'usage de mes armes à répétition et que dans aucun cas la balle ne peut être déformée et la justesse du tir compromise, et cependant toutes ces expériences ont été exécutées sur des projectiles faits, tantôt avec du plomb durci, tantôt avec du plomb tendre.

RÉSULTAT DES ÉPREUVES

QU'ONT SUBIES LES ARMES

Le soussigné témoigne que les deux fusils, calibre Chassepot, dont un à répétition et l'autre à simple charge, présentés par M. Vetterli, inventeur du système et directeur de la fabrique d'armes de Neuhausen, près Schaffouse (Suisse), ont subi en sa présence l'épreuve de :

1° 15 grammes de poudre anglaise, 50 grammes de plomb ;

2° 10 id. id 35 —

3° Cinq coups avec la charge ordinaire, sans que le système ait éprouvé le moindre dérangement. Les deux fusils ont aussi bien fonctionné après l'épreuve qu'avant ; ce système peut donc supporter toutes les charges sans aucun danger.

Neuhausen, le 26 août 1873.

Signé : Werdmuller,
Chef du contrôle fédéral d'armes.

692 — Paris, Imp. A. Dutemple, rue des Canettes, 7.

www.ingramcontent.com/pod-product-compliance
Lightning Source LLC
LaVergne TN
LVHW052030160826
845678LV00003B/1265

* 9 7 8 2 3 2 9 6 3 5 5 6 9 *